Du sentiment
à perdre

Du même auteur

À la limite du désert, Les Chemins de Traverse, 2001

L'amour domine la solitude, Les Éditions du Net, 2013

Un blog notes :
http://cdicollegenovalaise.over-blog.com

© Pascal Verbaere, 2014

Pascal Verbaere

Du sentiment à perdre

BoD

Éditeur : BoD-Books on Demand, 12/14 rond-point des Champs-Élysées, 75008 Paris, France

ISBN : 9782322038701

*« Un sentiment bien circonscrit
est un sentiment mutilé. »*

Paul Valéry,
Mélange, 1941,
Gallimard.

*« Je ne te demande rien qui dépasse
tes forces. »*

Pentti Holappa,
Les Mots longs,
Gallimard – 2006.
(Traduction du finnois
par Gabriel Rebourcet.)

Flèche wallonne

L'écureuil a rongé mon frein

Tombé à l'insu de mon plein gré dans les pommes noisettes agrémentées d'une caille, j'ai levé le rideau sur une bicyclette privée d'émail.

La dent dure de ses couronnes et la potence ont rappelé brutalement à mon vieux corps qu'il lui faudrait plus d'une lieue pour renouer avec la performance.

Les jambes dans les racines, je me suis forcé à grimper aux branches de Myans. Là-haut, pour la gloire, la Vierge noire m'a tendu un calice d'Abymes.

Détendu entre deux pierres à fusil, j'ai fait le signe de 1248 aux victimes du Granier. Le temps de fleurir la tombe de Livio, un autre canon de la beauté, Sarah Bernhardt pour le théâtre des grands soirs, m'a soufflé au cœur :

« La vie engendre la vie. L'énergie produit l'énergie. C'est en se dépensant soi-même que l'on devient riche. »

Trésor public

Cet homme triste à mourir, qui se rend à l'hôtel pour assouvir des larmes de sel, regarde la fille de joie avec les yeux du pauvre pécheur.

Les bras en croix sur le lit d'infortune, il attend qu'une miséricorde humaine tende sa corde sans hymen.

Et, sous la pleine lune, la trace d'un talon aiguille sur la joue gauche achève de le parer du bijou de la débauche.

Il n'en faut pas davantage pour que l'on porte atteinte à leur danse privée. Mais la tristesse fait maintenant tapisserie dans son cœur. Et Carla emporte aussi une étreinte de douceur.

Lors, contre l'amer qui monte, l'inspecteur René Char ne déroge pas, en fin de honte, à faire l'éloge de la rencontre soupçonnée.

Élisabeth 2

Un rat de bibliothèque se dirigeait, à pas comptés, vers le cybercafé du faubourg quand une souris de laboratoire est revenue le percer à jour.

Au bas mot, cela faisait dix ruisseaux qu'elle n'avait plus disséqué l'amour retenu. Et voilà que le mystère cultivé par ses soins semble interdire d'aller plus près.

Sur sa table de nuit, a-t-elle tendu quand même, repose encor un recueil qui n'appartient plus vraiment à l'auteur.

Se pourrait-il alors qu'elle réserve, de plus belle, la douceur de ses yeux à l'abandon publié aux neiges de Noël ?

Gai comme un pinson (rescapé du balcon de la panthère Chloé), j'ai résolu le poème, d'un simple « copier-coller » de son visage dans mon paysage.

Correspondance
en gare de Chambéry

Bonjour mademoiselle, je cherche la direction du grand amour.

Cela tombe bien monsieur, mon cœur veut aussi l'apprendre.

Noce rouge

Les marchands de Noël semés à la force du vent, j'ai salué Marie-Madeleine à l'entrée de l'église.

Elle m'a regardé droit dans le cœur et devant une telle peine s'est comportée en promise.

Joue contre joue, main dans la main, nous avons fait le tour du temple ; et il nous a semblé que le sacristain n'était pas d'amour avec notre exemple.

Pour un peu, ou plutôt le baiser de trop, il nous aurait jeté le premier cierge et l'eau bénite à la figure. Mais peut-être a-t-il finalement jugé vivre lui aussi de chair et de sentiment.

Nous sommes sortis par son clin d'œil. Sans sourciller comme loin d'être enclin à faire mon deuil de Marie-Madeleine, j'ai lancé un appel aux marchands pour le dîner originel.

Vade retro, maudit texto ! *

Le nouvel an débute bien mal. Si l'on en croit le buzz des opérateurs, nous nous sommes mis sur notre 31 pour battre tous les records de froideur.

Comme une flamme sans haleine, je me souviens. Les douze coups de minuit viennent de retentir, je saisis mon portable 4G pour desservir la table. Tu n'es pas une personne de parole, alors autant t'expédier un short message service.

Il ne fait pas l'ombre d'un doute que tu me rendras la pareille sans écoute. Tout lien déconsidéré, nous serons fiers, avec tant d'autres vœux d'artifice, d'avoir poussé le bouchon de champagne jusqu'aux pleurs du soleil.

Notre civilisation a la barbarie en rayon.

Aliénation

Les enfants des temps modernes sont grands avant d'avoir été petits. Incarnation désolante d'une civilisation où la console et le téléphone portable coupent la parole à table.

Les marchands ont réussi leur clou.

Sans scrupule

Sous les lustres du palais de l'Élysée, l'opinion des rustres se veut publique.

Du haut de leur orgueil, d'aucuns s'autorisent même à penser : la question polarise autrement mieux l'attention que la réponse.

Et, comme il n'y a pas de plaisir dans la gêne, la puce du canard se pose sur la scène. Quel triste choix de prendre le micro sans embarras !

Pauvre Marianne, ne pleure pas. Le Chef est riche d'un tout autre État.

Une seule flèche à mon arc *

Sans un autre cœur à vivre, je meurs de me survivre. Pour connaître le véritable amour, il faudrait mettre la table au bout de la nuit.

J'en ai soupé d'être épris à mon propre piège. Où que tu sois, Diane, envoie-moi ta liane.

Danse avec les Sioux *

Au bord de Little Big Horn, une jolie petite squaw lave le linge du guerrier qu'elle sait brave.

Plus il se frotte à ce cœur immense, moins la ruse porte son existence.

Elle n'a rien à craindre. Ni le vent qui tourne les heures, ni l'oiseau de mauvais augure.

Quand deux êtres abusent du même amour, la nuit n'a plus cours.

Dans la grande prairie, le feu de leurs états unis donne une fumée blanche à toutes les solitudes qui flanchent.

Oreille de l'Arbre et Taureau Assis n'entendent pas faire de jaloux aux arènes de l'Harmonie.

Secousse d'orientation

Le temps d'un stage, j'ai traversé le magnifique CDI du lycée Monge, où Verlaine m'a interpellé :

« Dis, qu'as-tu fait, toi que voilà, de ta jeunesse ? »

« Eh bien, Paul, je l'ai essorée jusqu'à la dernière goutte de soleil. J'ai plongé l'oreillette la première dans les amours impossibles et perdu l'adresse d'un emploi de juriste.

Mais, comme un piaf à la racine, je n'ai jamais piaffé d'impatience. La vie se charge toujours de faire son œuvre et l'on finit, un jour ou l'autre, par être plus fort que la pieuvre des erreurs.

Me voici devenu professeur documentaliste et moins mauvais élève d'un amour possible. Tu me permettras, vieille branche, de te retourner le compliment :

dis, qu'as-tu fait, toi que voilà au rayon poésie, de ta jeunesse ? Un livre contiendrait-il tout le vivre ? »

L'écriture n'est pas enceinte *

Une idée poétique a fait bondir Youri de son lit. Il allume une bougie au bureau qui en a lu d'autres et saisit la plume, soudain pris d'une fièvre d'apôtre.

La jeune femme qu'il croit sur parole inonde de soleil la chambre dans la nuit. Elle dort à poings ouverts et n'entend pas les loups de Sibérie hurler une larme à la glace du lac Baïkal.

Youri ne se laisse pas distraire par la fenêtre. La seule étoile qu'il veut connaître scintille de l'intérieur. Il s'interroge plus encore et, le cœur tétanisé, jette à la corbeille les poèmes qui n'épuisent pas le sommeil.

Une pensée romantique a fait bondir Lara de son lit. Elle allume le feu de ses yeux pour cette page enfin noircie à l'âme blanche. Et, la main droite sur l'épaule gauche du poète, se retire avec soin de la création :

« Ce n'est pas moi, Youri, c'est toi. »

Audience critique

Tranquillement installé derrière la grande table de sa bibliothèque, le souverain pontife laisse venir à lui le président de la France désunie.

Nul besoin d'être saint Pierre pour savoir lequel des deux est voué à la courte paille.

Pas le moindre sourire de complaisance sur le visage de l'Homme de Dieu. Et n'avez-vous pas remarqué aussi la maladresse de ces mains sans anneau posées au bord du bureau ?

Pour un peu, on jurerait que notre François incarne un petit garçon pris les doigts dans le pot de confiture.

Un coup de règle sur l'exception ? Vous n'y pensez pas ! Le pape méprise ce qui n'échappe pas à l'Église.

Et une Nation qui ne croit plus en l'avenir suffit pour punir.

L'école élémentaire

Au fond de la classe, un blondinet prend sur sa timidité naturelle pour lever la main.

« Samuel, tu veux quelque chose ? »

« Oui, maîtresse, pouvez-vous me dire si les gentils peuvent être aussi méchants et les méchants devenir gentils ? »

« Regarde le tableau noir, Samuel. Les choses sont simples : ou c'est bien, ou c'est mal. »

Déçu d'avoir appris le moins, notre blondinet reprend le fil de l'effacement. Il sait que le cercle familial lui fera très vite oublier cette parole à la gomme.

« Tonton, passe-moi le compas dans l'œil de la vie. »

L'intelligible armada

Sur le pont du vaisseau syndical, j'ai prêté l'oreille gauche aux marins d'eau amère : il n'est de camarades que s'ils punissent dans la même bordée !

Retiré du feu sans être à fond de cale, il m'a semblé que nous étions tout de même un courant majoritaire à ne pas vouloir faire passer le vent du boulet au galion du pouvoir.

Un coup de froid sur le canon n'ignore pas le droit à l'éducation. Si réforme il y a, décrétons à la cantonade de ne pas la couler par simple bravade.

Qu'elle s'informe plutôt de l'intelligence que nous conjuguons en équipe, à l'étude des principes et des adaptations.

Sur le pont du vaisseau syndical, j'ai prêté l'oreille adroite aux marins d'eau amène : il n'est de camarades que s'ils s'unissent contre la tentation de tout saborder !

Sotchi par forfait

Un profil peut s'avérer immonde à la face du Caucase et du monde ou la fièvre de l'Ukraine nous mordre les lèvres européennes, ne donnons pas de leçon trop bien apprise au Chef qui a réussi à mettre l'innocence des cinq anneaux dans la balance sans surprise.

La politique de l'ire dépose le feu et les lettres quand les Jeux Olympiques osent ouvrir la fenêtre.

Entre le chagrin et la paille

Calimero en a gros sur la coquille. S'il a bien entendu, côté cour, le coq chanter la cause des amoureux, trop de nuits étouffent encore son désir dans l'œuf et lui rappellent, sans une ruse de renarde rouge, qu'il est plus facile de trouver le champ de foire que la poulette qui aime les roses noires.

Le fond du jardin l'empoigne par l'épine et le met en cabane. Une autre vérité s'éloigne. Mais voici que Calimero brise sa coquille en mille sanglots. Toute chamboulée par ce flash, madame Irma consume la boule de cristal. Une saison sèche et l'horizon allume la mèche.

En chair et en noce

Le garçon qui a fait la rose à moitié pour la Saint-Valentin s'est retrouvé fort pourvu d'épine à l'approche du virage de Ragès.

Subitement, il croit entendre : « Halte-là ! Tu vois bien que c'est elle. »

Le garçon n'a pas rêvé. Nadia, qui a tout retenu de la tristesse, lui donne un si grand sourire qu'il se marie sur-le-champ avec le plaisir.

Ticket de sortie *

Porte Dauphine, la factrice n'a commis aucune erreur en confiant sept lettres d'un spectateur à l'actrice qui ne l'imaginait pas une seule seconde...

Dans l'histoire, c'est lui le seul coupable ! Il a osé, rime de lèse-majesté, lever le voile sur sa pauvre humanité, comme si l'étoile allait cligner de son monde au coin de la table.

Et l'ouvreuse de jeter un esquimau, pour devancer le baisser de rideau : l'ombre doit toujours s'éteindre quand elle prétend étreindre les jours qui pourraient l'interrompre à tout jamais.

La grâce du village

Le lac d'huile est à deux encablures et les cygnes qui prennent des coups de pelle sur la tête n'empêchent pas les voitures de carburer à la fièvre du samedi soir.

Dans la salle polyvalente de Novalaise, toutes les chaises ont une étoile filante. Contre mauvaise fortune bon cœur, le peuple a su veiller au grain.

Carton plein pour le foyer du collège et plus d'une quine décrochée à la face cachée de la lune.

L'exception à la règle

Le professeur vient de reposer sa craie blanche au bord du tableau noir.

Comme lui, sans l'ombre d'un regret, l'ado qui flanche encor efface « Au revoir ».

Bonjour les vacances ! C'est la prime de l'hiver, une avance sur les primevères.

Pendant deux semaines, le jardin ne sera pas mis en cabane et la cour portera seule un bonnet d'âne.

Le vide absolu, quand la vie ailleurs battra son plein irrésolu.

Giro dell'amoroso

La première rame

Tout à l'hébétude de recevoir, à l'insu de mon plein gré, des mails mensongers (« *Tatiana d'Ukraine vous trouve très beau* ») ou mortifères (« *Organisez vos obsèques* »), j'ai eu la béatitude de plonger mes yeux dans ces lignes d'Olivia :

« *Je suis rentrée hier de Namibie et j'ai eu le plaisir de trouver sur mon bureau ce matin votre pli. Merci beaucoup pour votre confiance. Je glisse votre livre dans mon sac et je ne manquerai pas de lire quelques jolis mots pendant ces affreux trajets en métro.* »

Le nouveau poinçonneur des Lilas, vous avez nommé Stromae, s'est alors empressé de fendre cette atmosphère romantique d'une sévère critique :

« *T'emballe pas, mec, elle est formidable et tu es fort minable.* »

Une gazelle ne suit pas le couloir

Dans le métro, pourvu qu'elle ne soit pas trop triste ! Tous ceux qui l'aiment lui murmurent que les rhinocéros n'ont jamais de rhino-pharyngite.

Mais l'ombre de la Défense est hélas loin de mettre les pouces face à cette lumière d'Afrique et la ville tentaculaire se vexe moins quand l'humanité facile met la grande arche à l'index.

Après ce déluge, c'est oublier, pauvres juges, qu'une antilope a plus d'un atout majeur dans son cœur.

Le grand amour

Un homme aux tempes cendrées n'a pas froid aux yeux dans ce chalet où les réalités d'une jeune femme ouvrent les volets.

Elle est heureuse de vivre ses rêves à l'autre bout du monde et cela le dispense d'allumer un feu de cheminée.

Il brûle d'une énergie blonde qui emporte tous les nuages. La douceur du foyer tient de l'instinct sauvage.

L'Évangile selon ses Yeux

Je connais un plumitif qui est resté à l'état primitif. Le monde qui se veut souvent charitable lui prodigue cette prophétie :

« *Va au plus vite te plonger dans l'eau de la Grotte et tu seras guéri.* »

Sur la terre qui ferme, il résiste tout de même à la perdition. Si son cœur navigue, c'est uniquement à l'apparition d'Olivia !

Avec elle, toutes les amarres sont rompues et l'on peut filer le parfait amour.

Concorde

Olivia travaille dans la Capitale et n'a pas de peine à trouver un avion pour les pistes africaines.

Pascal, quant à lui, évolue dans la brume de Novalaise et a rarement un jet pour Paris aux pieds de sa quête.

Si la vie semble prendre un malin plaisir à les maintenir séparés, ils peuvent toujours se permettre un haussement d'épaules entre ces pôles.

Le sentiment d'être deux cœurs en fusion suffirait largement à abolir la distance, d'autant que l'amour n'entend rien changer aux aiguillages de leurs existences.

Cœur vaillant

Au collège de l'Épine, il se passe quelque Rose. Pour la reprise des classes, tout le monde a trouvé que je rayonnais de l'intérieur et que j'avais pris vingt ans de moins.

L'âge réel (et Bernard-Henri Lévy peut en témoigner, à l'appui du test des télomères) est-il celui de nos artères ou ne serait-il pas plutôt à la ressemblance du sentiment qui peut nous animer sur cette terre ?

Je ne vois qu'une bonne réponse à tout cela : l'énergie blonde d'Olivia me fait bondir corps et âme vers le printemps.

Partage

Elle seule peut donner la vie au bras court de ces poésies. Elle seule a la vertu de décider que nos chemins sont faits pour se croiser.

Si cela se trouve, la pureté de sa mine ne réprouve pas les particules fines que la Savoie met à la fenêtre.

Mordu par la fièvre, je reste suspendu à ses lèvres.

Sous cape, l'épée verte

    Comme une grande qu'elle est déjà, une divine enfant a pris toute seule le tram de Grenoble. Elle vient projeter le panier de ses rêves sur l'écran de sa grand-mère. Pourquoi aurait-elle peur de traverser le parc Mistral ? Tous les arbres, qui sont loin de craindre le Stade des Alpes, se penchent pour lui murmurer que « *Mémé a les oreilles collées au cœur et les dents écartées du bonheur* ».

    À une forêt de cette belle donne, un petit loup entre deux âges hésite encore à tenir le haut du pavé ; il aura suffi d'un chagrin d'amour et d'un divorce parental pour le conduire au bas du fossé.

    Comme une grande qu'elle est toujours, Olivia...

Chaleur animale

Un petit cochon sauvage a repéré dans la montagne un chalet de paille, où les polochons qui ont traversé l'esprit de tous les enfants sages peuvent encore livrer bataille.

Même le grand méchant loup allume ses yeux devant ce spectacle, qu'il était à cent lieues de croire possible après la débâcle.

Le monde devient léger comme une plume et l'on oublie enfin de forger un immonde crochet sur l'enclume.

Il n'y a plus de métal hurlant dans la bibliothèque et les amis rameutés ont perdu leurs bras secs.

Le petit cochon sauvage, qui n'est jamais à court de tire-bouchon, s'empresse de faire circuler une bouteille de Chignin-Bergeron et sa compagne, si bienfaisante qu'elle inhibe l'ombre au désert du Namib, fait sauter des crêpes au-dessus des chignons.

L'avancée

Encore à l'heure d'hiver dans la montée du souvenir, j'ai vécu un véritable calvaire.

L'ange de Sonnaz, Grégory pour vous servir, a donné alors de la Voix :

« *Mon petit loup, nul besoin d'attendre la pendule du Paradis pour être à l'heure d'été. Contente-toi, ici et maintenant, d'aimer la vie et cette gazelle qui déploie tes ailes à la folie.* »

Tutoiement de vigueur

Si tu penses que la croisée de nos mains ne porte aucun ombrage au grand dessein à ton image,

rencontrons-nous, à l'occasion des vacances d'avril ou l'été prochain si cet horizon te semble moins difficile.

Pièce détachée

Désolé de vous contredire, cher Cocteau, mais écrire n'est pas toujours un acte d'amour.

Je regarde cette photographie d'Olivia, terriblement jolie à son bureau ; entre deux nobles tâches, elle tourne la tête vers une connexion internet et il y a dans ses beaux yeux comme un éclat qui implore : « *Le cœur de Pascal peut battre, pourvu qu'il ne me fasse pas de scène au théâtre.* »

Je commence enfin à comprendre que l'attirance doit fendre les grains de l'impudence. Et, pour la fête riche d'un cœur de lionne, je me tue à la relâche.

Ah ! lest d'Éden

Félicitations, matelot, tu as mis de l'eau dans ton écrit vain. On n'a jamais vu un poème changer le cours des choses.

Nous espérons maintenant que tu accepteras de faire escale au cœur du parc Mistral. Pour le printemps du livre, les rossignols vont questionner ta façon de vivre :

Qu'est-ce qui te différencie, te distingue et t'isole ? Comment pourrais-tu transcender ta solitude, créer du lien et atteindre la Sirène qui te chantera « viens m'étreindre » ?

L'étreinte opportune

Pour ses bras longs, c'est un jeu d'enfant d'entourer un éléphant.

Pour tes mains courtes, c'est une mission impossible de serrer un traversin sous la voûte.

Tu es un corps mourant et pourtant tu n'as pas renoncé à la rencontre du troisième type :

quand elle mord l'écran, tu n'as aucun mal à briller par les tripes.

Atmosphère *

Avec toute la malice qui le caractérise, Xavier de Maistre est sorti de la bibliothèque pour pointer du doigt les lettres éprises en voyage autour de ma chambre :

Je reconnais volontiers, Pascal, qu'elles peuvent exhaler l'ambre de l'amour. Toutefois, tu me permettras de te rappeler, devant les quatre éléphants d'Asie de notre cité ducale, qu'il est quasiment impossible de bâtir des châteaux en savane. Fonde alors une seule résolution, celle d'attendre la pierre angulaire que cette enfant du paradis terrestre décidera peut-être de te tendre. Sinon, de l'aurore au couchant, tu en seras réduit irrémédiablement à la réplique de Louis Jouvet : « Je m'asphyxie ! »

Le meilleur à venir

Porté inconnu aux bataillons des lumières de la ville et d'Afrique, il ne m'est guère difficile d'admettre que je ressemble plus à Robert qu'à Redford.

Olivia, qui n'a pas besoin de ressembler à Barbra Streisand pour être une militante de l'Éden, sait en revanche que je l'aime « *vachement beaucoup* » derrière le rideau de scène.

Se peut-il que tout cela suffise ? J'en appelle encore à l'avalanche de sa jeunesse pour mettre définitivement à la renverse les balises qui ferment la fenêtre.

Les rameaux d'Olivia

Sous le soleil d'une randonnée au col du Crucifix, j'ai trébuché sur la racine du mâle.

Les deux genoux à terre, j'aurais bien voulu être relevé d'une telle affliction, mais les grands arbres sont restés de marbre.

Et, loin d'entendre ma prière entre deux cendres, le buisson ardent a même choisi, pour une part de commandement, d'enfoncer le clou :

« *Il y a beaucoup trop de choses qui clochent au regard de ton histoire, petit cochon, pour que la Rose des éléphants te jette un polochon et vienne, par la première liane parisienne, mettre toutes ses branches dans tes poches. Lors, avant Pâques, sois lucide et ferme ce livre. Il est de notoriété biblique que la Chasseresse des temps modernes n'a nul besoin de ta flèche pour vivre de son arc.* »

- Buisson ardent, sans vous commander, ouvrez l'Évangile selon ses Yeux et vous verrez qu'Olivia ne m'a toujours pas tendu la corde des adieux.

Revoir Paris

À la veille de rallumer la flamme du soldat inconnu, nous ferons flèche de nos bois en gare de Chambéry.

L'espace séduit de trois heures, j'aurai l'embarras du choix pour faire trotter quelques bonnes chansons de Trenet dans mes écouteurs.

L'horloge du train bleu se mettra au galop et je laisserai filtrer le refrain de l'arrivée.

Miracle de la civilisation, une gazelle nous suivra sur la ligne de la tour Eiffel.

Entre deux stations, nous serons nombreux à vouloir l'apprivoiser mais, une fois rendus aux dernières loges de Ravel, l'idée de pavoiser jouera l'enfant et les sortilèges sur une voix sans arpège.

Entre ici, Olivia !

En répétition au théâtre à l'italienne de Chambéry, les choristes sortis du rang de l'Épine ont cru voir leur documentaliste assis au fond du parterre. Descendus de l'étrier musical, ils ont rué dans le brancard d'un désir au placard :

Monsieur, comme un ado qui n'a pas eu gain de rose tout de suite, ne prenez pas la fuite. Il est loin d'être lourd le bagage qui ne revient pas d'un voyage d'amour. Et puis, avec Ismaël, nous pensons que notre fable écologique pourrait toucher l'adorable fille de gnou qui vous met à genoux.

Rédemption

C'est bien, mon vieux Babar, tu crèves d'un lien qui n'existe pas.

Maintenant qu'il se fait tard en toi, l'œuvre du soleil va pouvoir s'accomplir.

Tu ressembles enfin à un éléphanteau qui n'attend qu'un seul sourire pour fondre en sanglots.

Clap de faim

En regardant une nouvelle foi l'autre soir *impitoyable* le sublime western de Clint Eastwood, je me suis dit que l'homme était à l'ouest ce que la femme est à l'est.

Et d'ailleurs notre ami le confesse, bouleversé comme jamais à l'écran : « *Claudia m'a ramené dans le droit chemin.* »

Entre les images *

    La fête annuelle de la nature approche. Ce sera l'alibi que les plus jeunes de mes proches vont mettre en garde à vue.

    Les prochains jeudis, sur le drap blanc du CDI, nous entamerons un cycle vert, des éléphants qui n'oublient jamais aux orangs-outans naufragés des cimes d'Indonésie, en dégustant la formule du Coca-Cola.

    J'aurai bien du mal à dissimuler mon trouble aux minorités qui voient double. Les enfants de Novalaise sont toujours à l'aise dès qu'il s'agit d'ouvrir la fenêtre du rêve dont je ne suis pas maître.

Le masque de verre

Pourquoi baissez-vous le cœur, monsieur ? Vous devriez savoir que l'amour n'a aucune complaisance pour un pavillon noir.

Pourquoi séchez-vous ces pleurs dans vos yeux ? Vous devriez garder en mémoire que la nuit chante sous la pluie.

Mémoire trouble

Nous venons à peine de visionner le beau programme de l'IFAW consacré aux éléphants qu'il est temps de barrir en vacances sans la moindre défense.

Nous laissons derrière nous les forces du savoir et nous devinons déjà que nous retrouverons difficilement l'Afrique dans notre regard.

Le premier dimanche de mai, si nous pensons à régler la sonnerie du cœur sur 16h25, ne l'entendra pourtant pas de ce sommeil, avec la diffusion à l'écran de France 2 d'un plan de sauvetage des grandes oreilles en Côte d'Ivoire.

Mais il n'y aura personne pour nous en vouloir si la clé des champs nous fait tourner l'image.

Interrogation écrite

Enfin les vacances (encore, me direz-vous ?). J'espère que son travail avance sur tous les fronts (quid par exemple du livre de journaliste annoncé sur Facebook ?)

Depuis le métro de mars, j'ai écrit une cinquantaine de poèmes (mugissants ?) et (même si on ne compte pas quand on aime) je forme les yeux de franchir le cap 77 à « l'embarquement de Suresnes » (le 6 juin, pour remercier Marisa et Jean-Pierre de lui avoir donné la vie).

Pourrai-je lui envoyer un extrait de ce journal de for pendant mes deux semaines d'escale ?

Je suis comme un élève qui rêve d'une rencontre, mais qui sait que seule la maîtresse est en mesure de faire la part du pour et du contre.

Réserve naturelle

Jette-lui ta plume, mon ami fiérot, elle prendra peut-être racine comme un gorille dans la brume.

Ne t'imagine pas pour autant qu'Olivia te tendra sa branche.

Seul le tour du globe l'invite à porter une robe blanche.

Générosité *

Sur la place publique, elle se démène sans compter et elle respecte tous ceux qui ont d'autres choses en tête :

« I don't want you to think like me. I just want you to think. »

Sur sa terrasse privée, elle pense toujours à ne pas faire de la peine à qui rêve d'un amour qu'elle n'a pas mis en scène.

Une semaine de battement

Le cœur s'est arrêté au feu rouge. La page va rester blanche.

Dimanche, à une infusion de thé vert, l'image sera franche, comme l'éléphant qui bouge une oreille sous son nouveau soleil.

Mai joie devant !

Un brin de mue gaie. Je m'en tiens à ce qui lui plaît. Autrement dit, j'ai totalement confiance et je désarme la plume de l'impatience.

Dans la hune de misaine, la jolie fille qui a tout d'un capitaine ne veut aucun poème. Seul l'amour qui se serre dans les bras peut toucher la terre ferme.

Cadrage débordement *

Un film que l'on diffuse à l'écran infuse encore du cran.

C'est ce que j'aurais voulu dire à Olivia, de vif sourire.

Aussi sûr que mon cœur ne rime à rien, son énergie blonde mettra bien d'autres jolies choses au monde.

Cyclothymie

Pour un type qui roule à l'énergie vitale et sans Coca dans le bocal, c'est un archétype de passer par des hauts et des bas.

Au col il n'y a pas eu un chat, et à Brison je n'ai vu aucun innocent, pour marcher sur les brisées de cette parole.

Sous toutes les coutures

La sublime Cristina Cordula, qui a su conserver sa taille mannequin, ne se défile jamais quand il s'agit de mettre l'accent brésilien sur les failles de quelqu'un :

« *Mes chéris, vous voyez ce beau brun ? Il a plein d'amour dans son cœur, mais il fait toujours des erreurs. Plus il se déclare et plus celle qu'il aime est sur le départ. Comment pourrait-il arriver à la vie en rose ? J'ai ma petite idée ; si Olivia le veut bien, on en cause.* »

Passiflore

Le bon George Meredith m'a rendu visite à la tour de Londres.

Selon la forge dont il veut répondre, je suis loin encore d'être endormi à tout jamais au coin de l'âtre :

« *En amour, il n'y a pas de plus affreux désastre que la mort de l'imagination.* »

La quéquette dans les nuées, le poète peut continuer.

Les feux de la hampe

Vous n'avez pas rêvé, la gente dame n'a toujours pas infligé un blâme au chevalier à la triste écriture.

Ce qu'elle vit jour et lune au tournoi de Paris porte si haut ses couleurs qu'une fleur à l'armure se perfore sans crier « *Dehors !* » en tribune.

Programme commun *

Les vacances s'achèvent et le rêve perd d'autant plus connaissance que la réalité d'Olivia ne m'a pas fait dépasser la fiction.

Se peut-il que cela change, l'espace d'un week-end ou tout au long de la trêve estivale?

Dans l'attente (déplacée ?) de sa décision, je retourne au fond de la classe, pour l'amitié et le plus qui pourrait aussi nous lier sans la détacher de ses priorités.

Un bon mouvement

Je lui ai écrit des choses que je tiendrai. Lors j'aimerais qu'elle s'avance, sans renoncer le moins du monde au sens de sa vie, pour cultiver notre Rose à l'autre bout du quai. Elle est la condition humaine d'une affection digne de l'Éden.

Ligne directe

L'horloge du Train bleu et le carillon de la Rotonde s'entendent à merveille dès qu'il s'agit d'afficher le temps qui sépare deux mondes.

Trois heures, me direz-vous, ce n'est pas le Pérou, pour qui veut regarder l'autre personne droit dans les yeux.

Si Pascal devine que la réalité d'Olivia dépasse son rêve, le rêve d'Olivia dépasse-t-il la réalité de Pascal ?

Rien de tel, entre la fontaine des éléphants et la tour Eiffel, qu'un quai de gare pour le savoir.

Coup de foudre

Je croyais avoir le cœur trop petit pour elle qui remplit le monde de son énergie blonde. Je me trompais, aussi lourdement que ce drôle de paroissien qui vide le tronc du sentiment.

Olivia, entre deux éléphants, a trouvé de la mémoire dans mon livre, mais elle a le don de ne jamais s'arrêter au feu d'une page.

Elle préfère la vérité d'un visage. La voici, sur le quai de Chambéry, pour nous vivre. Moi qui restais en carafe, me voilà beau ! Je vais boire la source d'une gazelle toujours dans la course.

Peps koala

Au fond de la piscine, je n'attendais plus rien de ma vie lorsqu'elle a surgi de la butte Montmartre pour me lancer, en petit pull marine, un sourire espiègle et une bouteille d'oxygène.

Gorgée aussitôt de soleil, ma feuille d'eucalyptus lui a tendu l'autre joue perlée de bonheur : « *Victoire Olivia ! Je pleure comme un grand enfant !* »

Nouveau monde

L'ermite au col de la Cluse a mis son rite à l'école d'une Muse.

Il a perdu l'usage des mots de bête et se tient sage pour l'écho de la Belle.

Un dernier bonnet d'âne sur la tête, voilà qu'il se surprend à entendre le vent de l'amour vrai, au fin fond de sa cabane.

Ce n'est plus un rêve, une jolie blonde l'attrape par la porte ; la nuit passe à la trappe, le soleil l'emporte.

Unité de choc

Mère Grand attendait que je lui rapporte, avec Samuel, un petit pot de lait quand l'envoyée du Sun a surpris l'interphone.

Nul besoin pour elle d'être chaperonnée sur le chemin de la bibliothèque.

Rentré au bercail, j'ai cru tomber dans les cinq pommes bien entamées de mon neveu éveillé, face à ce sourire de taille.

Je ne suis plus un homme sans jour avec. Olivia est venue, nous nous sommes vus, la Rose est entendue.

Saveur équitable

    Rue Sainte-Rose, les tapas nocturnes cassent les burnes des voisins qui vivent encore dans la crainte de la porte éclose.

    Il y a un autre bruit qui court... Le baribal de Chambéry grimpe au rideau et mène la fronde contre tout ce qui voudrait aller à l'encontre de l'amour que sa gazelle préférée démontre à la face du monde.

Envies parallèles

Sous les nuées, il noircit des pages et se pince pour croire qu'il pourra bientôt lire le visage qui évince tous les autres.

Sous le ciel bleu, elle capture les images et n'a besoin d'aucun talisman pour savoir que le temps qui passe est l'ami de sa nature sauvage.

En balance *

Elle ne veut pas t'écrire la moindre offense ou tes tendres aveux lui interdisent de feindre un sourire de silence au cœur de son église.

Voix compactes

Dans les parages du vide, on peut être avide d'un visage et entendre, sur son téléphone portable, Jean-Louis Aubert chanter, de toute sa moelle, le grand poète Michel Houellebecq.

S'il fallait au coin du charme, où Olivia me met le moins souvent possible, ne retenir que deux chansons extraites du sublime recueil « *Configuration du dernier rivage* », je choisirais pour ma modeste part de poésie « *Isolement* » et définitivement éperdu « *Voilà ce sera Toi* ».

Panachage *

En mai, j'ai sûrement fait ce qui vous déplaît : m'en voulez-vous notamment d'avoir donné le premier mot à l'espéranto de l'ami Kristian ?

En juin, contre mon pire et pour votre meilleur, serons-nous joints par le cœur ?

Tu plaisantes, mon petit ?

Remonté comme un pendule qui a trouvé de l'or, j'ai freiné la pépite chère à Fausto Coppi pour ma dame blanche.

Au cimetière de Bassens comme au Ciel, Gaby la magnifique a bien entendu que je lui demandais l'autorisation de me fiancer en ce monde.

Elle ne m'a opposé aucun baiser de marbre et en est même revenue à prononcer ce vœu vert :

Qu'il advienne ce que l'Emmerdeuse de nos artères voudra au bout de ta langue ancienne !

Un don si brave

Jonny Wilkinson venait tout juste, pour Toulon, de placer son dernier drop décisif entre les poteaux de Castres quand je me suis murmuré à l'oreille ensanglantée qu'il convenait, sans plus attendre, de déposer le bouclier de Brennus pour sauver l'entente cordiale.

Et Olivia, en ligne sous l'astre de minuit, a merveilleusement su atténuer ce que j'aggrave à langueur de violons :

« *Cher Pascal, je lis tous vos messages. Mais étant encore en montage tout le week-end je n'ai jamais le temps d'y répondre. C'est impoli et je m'en excuse. Je ne comprends pas tout, mais ce que je remarque c'est que vous avez du talent, alors continuez... Je me sens vieille, vous savez. Je n'aurai plus jamais 36 ans, et pourtant j'ai tellement de choses à faire... Ça passe trop vite.* »

L'embarquement de Suresnes *

Elle a moins de bougies que moi sur le gâteau, mais elle a plus de souffle pour aimer au-delà des mots.

Métamorphose

    Je n'avais qu'une main pour lui écrire ce qu'elle pouvait éprouver et je me suis retrouvé avec deux bras autour de son sourire.

    Sur le pont des Arts, nous avons ouvert le cadenas des cœurs solitaires. Notre plein soleil a jeté sa clé dans l'oreille de la mer.

Transport amoureux

Sur un quai de gare, prenons par exemple celui de Chambéry, le bagage d'un homme délivre parfois un ticket de retard.

Des valises sous les yeux il retrouve, tristement, sa place en seconde classe. Le compartiment est fort bien isolé et il est devenu impossible de se pencher dangereusement à la fenêtre.

Ce sentiment d'entendre une voix de garage, notre homme aux tempes de cendre voudrait pourtant le perdre.

Paris gagné, sur les marches du Train bleu, une jeune femme, unique au monde, lui fait un signe de correspondance.

Romantique en diable, comme une gazelle qui n'a pas peur d'un ours brun, elle le gronde pour le doute.

Une église dans les yeux il trouve, illico presto, sa place en première classe. Le compartiment est fort bien aéré et il est redevenu possible de conjuguer *« è pericoloso sporgersi »* à la fenêtre.

Media vuelta

Du savon sur les bras *

Au lavoir de Nances, la mère Denis a les yeux en brosse. Elle tance le déni de l'amour improbable :

« *Ton cœur, tu es seul à l'avoir. À la rigueur, il peut inspirer confiance, mais pour tenir la vedette au pouls d'une adorable fille de gnou c'est une tout autre histoire.* »

Plume sèche

Au cœur de la savane, je viens de tomber en panne. Un zèbre s'approche de ma jeep et, sans prendre de gants, m'avertit : « *Il est interdit de débarquer ici.* »

J'essaie de carburer un peu, mais le zèbre réprouve ma solution. Il trouve même une autre couche de reproche, en me montrant les lignes noires de son dos : « *Voilà ce qui arrive quand un mauvais cheval ne se prive pas d'écrire.* »

Un lion échappé de la bibliothèque de Kessel secoue sa crinière en guise d'approbation. Et les hyènes ricanent de tout leur fiel sur le capot.

En attendant le jerrican de Daktari, j'ai dû promettre, jurer, de respecter le « stop » pour la paix d'une antilope.

Une faille normale

La reprise au collège de l'Épine va avoir du mal à m'ôter une Rose du cœur. Mais sur la table il y aura assez de travail pour que je pense moins à la fable des fiançailles.

Sans traîner les pieds, j'apprendrai ma leçon de paria et les semaines passeront comme une lettre tombée à la Seine... Olivia, je t'en supplie, laisse-moi sombrer dans l'oubli.

Pente naturelle *

Moquez-vous, Jeff skie entre deux bouteilles. Il a le planter de bâton qui laisse à désirer, mais peut-être pourrions-nous verser à son crédit le fait qu'il soit sorti de l'ombre pour apprendre un coup de soleil.

Soupirail

Je ne devrais pas être timide, mes sentiments sont sincères, mais ce qu'elle veut connaître vide de ses élans mes pauvres viscères.

Et je cite Franz-Olivier Giesbert, à l'ordre des soupirants patibulaires :

« *Chaque pas dans sa direction devenait une agression qu'elle ne pouvait tolérer. Chaque sourire. Chaque main tendue. Chaque lettre d'amour.* »

Contrôle

En l'espace de quelques jours qu'elle aura remplis sans peut-être s'en douter (elle a lu mon livre, elle sait ma façon de vivre), je suis passé par des états terribles, de l'exaltation à l'abattement.

Tout pour me rendre impossible en hauts yeux, comme si l'affaire d'une telle tempête intérieure n'avait pas été déjà entendue.

Il faut toujours condamner d'avance le troubadour en mal de connaissance.

Bonne nuit, tout va mal *

Elle laisse ma main gauche atterrir sur la page blanche et ne me lance aucun regard furibond. Elle sait trop bien que mes désirs n'ont l'air de rien et qu'un bouquet de poésies fait faux bond à la vie.

C'est comme une boîte noire que l'on ne retrouve pas en mer de Chine. Que pourrait-elle raconter d'ailleurs ? L'histoire d'un pauvre type qui s'imagine être en amour alors qu'il n'en voit pas les jours.

Interpellation

Sous l'emprise d'un amour stupéfiant, je suis sorti de la route secondaire. Sur la nationale 7, toujours méfiant, un gendarme à lunette a levé la main droite. Cela vous sidère ?

J'ai cherché dans la boîte à gants les papiers pour me rendre élégant. Il n'a rien voulu savoir de moins, à la simple vue de mon regard :

« *Être amoureux ou conduire, il faut choisir. Vous êtes en état de nuire à tous ceux qui roulent sagement. Suivez-nous sans discuter en cellule de dégrisement !* »

Émiliano – ton carnet de liaison !

Monsieur, ne soyez pas à cran. Voyez plutôt ces beaux yeux en fond d'écran. Elle ne veut pas, cette jeune femme, que vous perdiez votre calme.

Gomme tendre

Olivia est suffisamment intelligente pour avoir définitivement compris qu'il ne faut pas mettre d'essence sur les cendres.

Plus elle gardera le silence et moins mon amour sera prononcé. Au pupitre placé juste devant votre pitre, Michel Houellebecq refuse aussi d'appeler les choses par leur oui :

« On n'a même plus envie, on n'envisage même plus d'avoir une personnalité. »

L'homme invisible

    Pascal a mis de l'encre sympathique dans le fuselage des élans romantiques. Tous les mots qu'il inscrira au désordre du jour porteront encore sa griffe, mais il n'y aura pas de réactif pour leur tordre le mou et les faire sortir à jamais du néant. Aimer Olivia sans espoir, est-ce bienséant ?

L'amour enfoui

J'ai ajouté un chèche à la panoplie toujours sur la brèche. Pour traverser le désert, il ne faut pas lésiner sur le camouflage.

Vous me rétorquerez peut-être sans vergogne que j'ai déjà la faculté de passer inaperçu et vous aurez raison, à l'ombre de l'horizon.

Mais je connais mon cœur. Il n'est pas à l'abri d'une rechute. Le buisson ardent n'a pas dit sa dernière catharsis : une sacrée gazelle ne m'a pas donné la formule de l'oasis.

Coulé !

Il a la triste nageoire d'être un poisson agité du bocal, dont elle ne veut plus rien savoir. Pauvre barbeau, il est temps d'admettre, pour point focal, qu'elle ne viendra pas changer l'eau.

Le courant ne passe pas

Elle dénonce sans ambages les épines du monde et tu lui annonces une rose de grillage. Impossible de se fier à ta bible électrifiée !

L'Arlésienne

Au Musée d'Orsay où elle voit arriver Van Gogh sans crier « *Gare !* », Olivia prête une oreille attentive quand le guide fait la circonférence de la connaissance.

Dans son cercle de jeune journaliste, elle détourne les yeux, dès qu'une lettre de vieux documentaliste ne dit pas adieu à la prétention de vouloir la connaître.

C'est sans ombre aux Tournesols que la galerie l'épate. Inutile pour l'edelweiss de prendre date. Elle s'envole, plus rebelle que jamais, vers un miroir où rien ne presse.

Sentence

Si j'en juge par son silence, il fait un froid de luge entre nos existences. Je ferais mieux de couper la main gauche des tendres aveux et d'arracher ce cœur qui a le don de la fâcher à la première heure.

Position intenable

Une éléphante d'Afrique vient de dresser l'oreille entre deux pics de soleil. Le murmure du peuple Kamba est toujours bien noté dans la marge, mais cette voix de Massaï, dont l'espoir insulte la mémoire, suffit pour barrir la charge. Avec perte et fracas, le feu qui braille lève le camp.

Le chagrin est extraordinaire

Elle a choisi de me laisser dans le néant le plus total. J'ai donné un coup de hache sur le clavier qui me travaille. Cela marche à la perfection. Les touches blanches et noires se séparent sans discussion. Il n'y aura plus de grisaille au bout des doigts et l'étoile inaccessible sur le vif le sera tout autant à l'écran. La session ordinaire est fermée et Michel Houellebecq, encore lui, partage le score de mes yeux devant la nuit : « *Victoire ! Je pleure comme un petit enfant ! Les larmes coulent ! Elles coulent !...* »

Accusé, levez-vous ! *

Les trois Grâces vous ont mis, à juste rose, en disgrâce. Considérant que ni l'opacité incompréhensible ni l'irréductible altérité de la gente féminine ne vous dispensent de garder pour vous les épines plantées dans votre cœur, nous vous condamnons à scier les barreaux de votre chaise poétique, tant qu'une envoyée du sexe qui n'est pas si faible ne viendra, de vive voix, vous trouver à son goût romantique.

L'art de l'esquif *

Sur le lac d'Aiguebelette, les élèves de base m'ont appris qu'il fallait s'abstenir de souquer ferme quand le rêve est à la dérive. Une ligne à tenir ne peut souffrir tous les signes :

Monsieur, gardez le cap de bonne désespérance et jetez donc par-dessus bord la tablette qui vous brûle les yeux et le for.

Traitement de (dé)faveur

Entre deux combats pour un devenir meilleur, elle a baissé les bras, le temps de saisir quelques mots sur Facebook :

« *Bon courage pour votre rentrée ! Vos élèves ont de la chance d'avoir un prof poète !* »

C'est gentil de sa part de penser que je suis un être plutôt rare au pays du savoir, mais devine-t-elle aussi que ma jeunesse prolongée s'attire parfois les messes basses d'un cercle fermé ? J'entends Victor Hugo prendre ma défense : « *Être contesté, c'est être constaté.* » Pour autant, ce constat d'un prof qui fait taire l'adulte que l'on ne montre pas du doigt ne suffit pas à me rendre innocent (*de quoi ?* ajouterait le shérif Gene Hackman à l'écran impitoyable).

Et je vois bien que ce télégramme ne souffle pas vraiment de bécot sur ma flamme. Son cœur sait faire la part des roses et des épines devant mon bouquet de fleurs sanguines. Certes, sans avoir besoin de me couper l'oreille gauche, je capte parfaitement que sa réponse n'est pas un coup de semonce, mais l'indulgence peut mettre aux arrêts l'espérance. Dans ma vie, il y a trop de choses qui foirent pour que je me souvienne qu'elle ne m'a laissé aucun désespoir.

Un célibataire haché menu

Tu écris à la truelle et son tri est cruel. Quand elle te répond, ce n'est jamais sur le fond de tes souhaits.

Tu la portes aux nues et elle te met en terre. Ce recueil a tout d'un cercueil.

Mais, au bord de l'abîme des amoureux, estime-toi heureux : la souffrance ne germe plus dans les yeux qui se ferment.

Vouvoiement de rigueur

Je ne vous oublie pas, je suis sous l'eau, je vous réponds dès que possible.

Le débarras du choix

L'espace d'un moi(s), comme Jean-Marc Ayrault pendant presque deux ans, tu as cru incarner la grâce et porter en toi l'assurance d'un avenir à partager.

Le président, discrédité au point que les urnes ont crié disette, en est venu à considérer que l'hôte de Matignon comptait pour du beurre.

Olivia, qui est au feu vert de Grenoble ce que Manuel Valls sera peut-être à la musette, ne s'est pas privée, quant à elle, de te rudoyer dès que tu as pris la liberté sans appel de la tutoyer.

Assommés à force d'avoir été assommants, vous voici l'un et l'autre aussi minces que l'agneau qui vient de naître en province.

Objection d'attirance

Un homme amoureux ne doit pas se projeter au cou de sa bien-aimée mais se jeter à ses pieds.

Le désir en solo ne peut sortir de l'abîme sous le feu d'une photo ou d'un film.

De source sûre

À l'automne 2011, j'avais déjà bien trié sur le volet du CDI de Novalaise des documents de toute nature.

C'est ainsi que je viens de retrouver facilement un DVD du Fonds international pour la protection des animaux (IFAW), parrainé par Olivia et consacré à la sauvegarde des éléphants d'Afrique ou d'Asie.

Scotché à l'écran dès l'apparition d'une parole magnifique, j'ai ressenti ce que Pavese avait si bien écrit, quelques jours avant de se donner la mort le 27 août 1950, dans une chambre de l'hôtel Roma, à Turin :

« On se tue parce qu'un amour, n'importe quel amour, nous révèle dans notre nudité, dans notre misère, dans notre état désarmé, dans notre néant. »

Je prends ce chagrin à mon compte, mais je ne rendrai pas à Cesare ce qui n'appartient qu'à elle : l'amour d'Olivia n'est pas n'importe quel amour.

Saignez là !

Dans mon parc, j'apprends à marcher droit, avec tous ceux qu'Olivia convoque sur Facebook.

À juste horizon, elle n'en finit pas de nous interdire de tourner la page des espèces menacées ou en voie de disparition : éléphants, guépards, gorilles...

Dommage que l'homme qui dégringole du singe ne fasse pas partie de cette liste.

Pour une foi, cependant, nous nous abstiendrons de signer une pétition. Il suffit d'une passion pour avoir le linge rouge du Christ.

Malédiction

In extremis, le cadet de mes soucis m'a arraché l'Opinel de la main gauche. J'allais me trancher la veine au-delà de l'ébauche.

La lame, entre deux rames, a tout de même eu le cran de s'arrêter sur ma ligne de cœur. Depuis, une entaille de douleur m'empêche de tenir la plume. C'est Philippe qui s'y colle.

Sous la dictée qui ne dissipe pas la faute, il écrit que l'envie d'envoyer des poèmes ne touchera plus le bureau d'Olivia. Ouf ! répondrait l'idole.

Petit développement

Il faisait lundi un temps à manger dehors. Tout en observant au bout de la table ce souvenir affable du président Jacques Chirac, j'ai dévoré chaque paysage servi sur les coteaux du lac.

J'ai vu la dent du Chat et je me suis laissé dire qu'Olivia en avait certainement une contre moi.

Toujours loin de cette colombe, j'ai cru entendre au belvédère le ricanement de l'enfer : *Retire-toi, une foi pour doute, à l'abbaye d'Hautecombe !*

Du côté de Brison Saint-Innocent, les cloches ont continué à briser mon élan et, un virage à droite plus tard, j'ai versé des larmes de pierre sur un banc bien trop large pour un seul visage.

Les joues rougies par le soleil, je n'ai pas eu besoin d'une bougie pour trouver le sommeil. C'était là un peu trop vite oublier que le frisson n'avait pas dit son sanglot de cœur.

Sans les bras de la jeune femme qui a fait sienne la formule de l'oasis depuis sa naissance à Suresnes, je ne suis plus seulement un vieux garçon qui reste en Alaska devant une bouteille de Coca. Je me meurs.

Pointe d'Achille

Comme j'ai déjà eu le désavantage de l'écrire, la mesure du pour et du contre est l'apanage de son seul sourire.

Le problème, c'est qu'elle ne veut même pas entendre parler du théorème de notre rencontre.

Poste vexante

Chaque midi, je remarque minuit à la banque postale. Monsieur le facteur, pourquoi n'avez-vous pas une lettre d'Olivia pour créditer mon cœur ?

L'amour à découvert, je vire le moindre écho de Facebook sur ce compte qui a tout à craindre de l'avenir.

Cause toujours...

À l'instar de notre chère Dalida qui ne regrettait pas de repousser Alain de loin, Olivia est proche du soleil qui écorche mes rayons.

Je n'ai pas l'ombre d'une chance d'être l'homme de sa première danse.

Olympiade d'hiver

Nous avons bien compris au fil de tes ballades que tu faisais des anneaux en montagne, mais comme nous, comme elle, tu n'es dupe de rien.

La piste de ta poésie est un cercle fermé où Olivia n'entend pas entrer et la griffe qui bombe le torse ne peut sortir du starting-block que le pire des préparatifs de noce.

Sans atout

J'ai bien cru que j'allais pouvoir devenir véritablement un homme, le meilleur des maris, mais sans doute faisais-je encore fausse route.

Résigné comme un petit ramoneur interdit de séjour à Paris, je reprends le fil de ma mort.

Sémaphore

J'ai renversé mon encrier, mais l'orgueil saigne encore. Je pense toujours qu'un poème qui prend le départ porte en lui la ligne d'arrivée. Grave erreur !

On ne transforme pas un frêle skiff en un deux de couple, d'autant que le récif refuse catégoriquement d'être souple.

Et ce pâtre sans barreuse n'est même pas attendu par le farou sur la crête de la chaîne épineuse. L'escalier s'est dérobé sous ses pieds et la seule perche qui vaille le plaque aux entrailles du lac.

Naufragé volontaire

À la fin de l'envoi, je ne la touche pas. C'est avec l'abîme d'une telle conviction que j'ai précipité un « *best off* » dans le champ de sa production.

À la table de travail qu'elle éclaire d'une présence singulière, la fable des fiançailles sera très vite la proie de la corbeille. Pour qui se paye de mots, voilà une juste récompense.

La Rose, qui ne se la raconte pas, ne pourra qu'être très heureuse d'avoir obtenu ce que je voulais pour solde de tout conte : un cœur réduit à la bourse du silence.

Dissipation

Collé contre le radiateur qui a rendu la flamme avant la petite fille aux allumettes, notre cancre ne regarde plus le tableau noir. La maîtresse se garde bien de l'interroger du regard.

Qu'il redresse encore ses nombreux torts et l'ardoise aura peut-être l'autorisation de sortir du coin à main levée. Un mauvais calcul en vérité.

Notre cancre prendra un malin déplaisir à choisir d'être définitivement l'exception à la toise.

La couche rit *

Comme le grand Jacques, je suis assez triste pour admettre qu'*il faut bien que le corps exulte.*

Alors Olivia ne m'en voudra pas, elle qui pense « *zut* » à la réception de mes lettres, d'avoir donné signe de rut à une fille en ligne.

Aïcha *

En attendant de passer à la connexion orange au premier domicile inconnu d'Olivia, j'ai profité du cybercafé à deux pas de la place d'Italie pour relever le courrier toujours vide d'une moitié.

J'étais au feu rouge d'une énième saisie de poèmes inutiles lorsqu'une jeune fille de l'Atlas s'est détournée de son habileté moderne (d'une voix sensuelle, il m'a semblé qu'elle contactait un opérateur pour un bouquet virtuel) et m'a honoré d'un regard plus vert qu'une tasse de thé à la menthe.

Comme notre ami Michel Houellebecq y a déjà goûté *« il faut quelques secondes pour effacer un monde »* ; je virerais même plus, pour prendre la tangente il suffit d'une belle plante.

Mine de rien

On dit volontiers d'un poète qu'il a du sang noble. Et pourtant, croire qu'une muse n'est qu'un prétexte pour entretenir la flamme d'un texte ne lui pose parfois aucun problème. En d'autres termes qui l'accusent, qu'il est ignoble !

Soleil funeste

L'idiot du mariage va se rendre aux halles de la grande ville avec l'infirme conviction que le regard de triage refusera de fermer les yeux sur la freinte. Notre ami chanteur Julien Doré, qui est du genre à tenir les choses qu'il a osé dire, ne viendra sûrement pas témoigner à décharge : *avec Pascal, pas de tromperie sur l'église*. Mais le véritable *problème*, pour reprendre le mot fétiche d'Olivia, c'est qu'elle se fiche totalement de ces confessions éprises. Après un tel déluge et avant de s'en retourner, le cœur fracassé et la queue basse, au pays de la luge ou des escortes, l'idiot du mariage se résoudra certainement à arroser cette rupture, en compagnie de Cioran, sur l'une des sépultures du Père-Lachaise : « *Ils faisaient des projets, ils n'en font plus. Promenade indéniablement bénéfique.* »

Cimetière de fête

Elle ne bouge pas une oreillette pour te murmurer à l'ombre du soleil que ta chanson sans geste sortira bientôt des décombres.

La ruine de tes sentiments est à ce point un fait avéré que même mister Bean dans la nuit du musée ne pourra t'arracher au supplice de la bruine.

Et la seule vedette qui mérite notre confiance, comme de bien entendu la mère Denis, refusera tout net, au lavoir du Seigneur, de brosser la goutte noire de ton cœur.

Rétention d'ô

Depuis que j'ai eu le malheur de lui écrire qu'elle pensait toujours à ne pas faire de la peine à qui rêve d'un amour qu'elle n'a pas mis en scène, elle prend plus que jamais un malin bonheur à me priver d'une réponse sur le fond.

Pour la forme, cela m'arrange. L'important, c'est l'épine du livre. Il y a trop longtemps que je m'échine pour qu'une rose change ma façon de vivre.

Et la meilleure façon de confirmer cette mauvaise intention d'ours solitaire serait de garder désormais par-devers moi tout ce qui pourrait, dans le miroir de la gazelle qui ne suit pas le couloir, témoigner encore du contraire.

Félicité conditionnelle

Peut-on être près des loups et prendre soin de vous, loin de nous ?

Eh oui, Olivia, j'ose l'écrire, il n'y a pas de sauvagerie en rose qui tienne si je reste ici le paria de votre sourire d'Éden.

Sur le pont de l'Ascension, ferez-vous une descente de délice ? Notre discussion, cœur à cœur, entrerait alors, sans la moindre peur, dans toutes les lices.

Un cœur incorrigible

En amour, Pascal est toujours le premier à préférer mourir et le dernier à vouloir se rendre.

Pour Olivia, c'est désolant de lire qu'il reprend sans cesse son élan au lieu de faire cendre.

L'âtre au coin

Tu craques ta plume sur la page et l'on remarque que cela n'allume qu'un visage. Le tien, non le sien.

Et tu te perds de vue, à forcer de désirer le brasier de l'imprévu.

Il y a beaucoup mieux à faire que ce feu d'artifice littéraire.

Lève à tout jamais le camp de ta pauvre flamme. La falaise de Fécamp ne veut pas être l'épaule riche de ton drame.

Faute dévouée

Pour être loin de tout comprendre je suis forcément à l'amende, mais s'il s'agit de vous apprendre je fais vraiment ma demande.

Tant que votre cœur ne présidera pas à la table (des noces), notre bonheur restera instable (comme un gosse).

Lacunes insurmontables

Il ne sert à rien d'essayer encore, contre déclaration et silence, de frayer avec l'apparition du tendre accord.

Olivia et Pascal ont vraiment trop d'attitudes insupportables l'un envers l'autre pour connaître, avant la fenêtre des cendres, la béatitude de partager une même existence.

Bleu oraison

Une grille du pont des Arts s'est effondrée ce dimanche, sous le poids des cadenas accrochés là depuis des lustres par les amoureux du monde entier. Et je vacille déjà de toute ma moitié, à la pensée raisonnable qu'Olivia, sans la moindre hésitation, refusera le 9 août ici même, de tendre la clé de son sourire à mon visage lacustre.

Réponse à nous *

    Elle a enfin considéré que l'honnêteté était venue d'alerter mon sentiment éperdu.

    Remarquez, comme vous depuis plus d'une lecture à voix basse, je me doutais bien qu'elle était trop belle pour être seule dans la vie.

    Et voilà, youpi, tout s'écroule. Mon cœur réduit en cendres va pouvoir fendre la foule, tant il est vrai qu'Olivia m'a trouvé du talent sous les cieux : c'est toujours ça de gagné au rayon des adieux.

    Un livre d'amour est une issue de secours.

Pour en savoir plus (ou moins)

Vade retro, maudit texto !

Au tribunal des flagrants délits de mensonge, Pierre Desproges (qui est en face de Chopin au Père-Lachaise) aurait eu cette sentence : « *Bonne année, mon cul.* »

Une seule flèche à mon arc

Pour saluer le tribut d'Arman Méliès à l'Apache Julien Doré :
« *Une flèche en plein cœur
Un ciel à la dérive
Et je meurs
De nous survivre* ».

Danse avec les Sioux

En sortant, avec le sourire à l'âme, du cinéma ô combien parlant de Kevin Costner.

L'écriture n'est pas enceinte

Les malades de l'Ain surent dès les années 60 avec mon père ce que « *bon médecin de famille* » voulait dire. Et la poésie à mon chevet me parle aussi du docteur Jivago.

Ticket de sortie

Il me fut donné, en un autre temps, de chercher une Muse au milieu des méduses. Mais Valérie n'avait pas besoin d'un romantique pour faire du ski nautique à Capri.

Atmosphère

Si le Paradis existe, Arletty l'a bien mérité : « *Oui ma petite reine* », témoignerait Bernard Blier.

Entre les images

Avec la bénédiction d'Olivia : « *Pas de souci évidemment pour diffuser mes films, c'est fait pour... belle initiative !* »

Générosité

Du chaume au cœur : « *C'est très joli...* »

Cadrage débordement

Maîtresse Olivia, merci pour cette mission possible entre Daloa et le parc d'Azagny. Au fond de la classe, j'ai été sensible à vos larmes de lumière devant cet éléphant à terre (et « comme » vous je n'oublie pas les deux géants morts par noyade ou crise cardiaque).

Vous m'avez également touché en plein cœur par votre attachement non feint aux malheurs des planteurs et je pense notamment au chagrin d'un père.

Votre film apporte en tout cas une nouvelle fois la preuve que le peuple noir a une âme blanche devant l'épreuve et que la condition humaine n'est pas forcément l'arbre qui gâche la forêt animale.

Il me semble que la « grandeur nature » correspond davantage à votre vocation, mais vous me répliquerez peut-être qu'une « emmerdeuse » est on ne peut plus nécessaire sur le front de l'alimentation industrielle et pour chasser la petitesse du monde (à commencer par la mienne).

Dernière rose blanche cueillie dans le jardin de votre documentaire par un poète de langue allemande, j'ai nommé Robert Walser :

« in einer Stunde liegt so viel » /
« une heure contient tant de choses ».

(Traduction Marion Graf - Éditions Zoé, 2009.)

Programme commun

Il y a 33 ans, à 20 heures, François Mitterrand changeait la vie de nos pleurs. Le camarade Christian et le « vieux frère » Jean-Yves étaient venus faire sauter les bouchons de Champagne… Ce 10 mai, j'aime à penser qu'Olivia était entrée à la Bastille, du haut de ses 3 mots (maman, papa, président), dans la danse des familles.

En balance

Un sourire de silence : l'histoire de l'immigration chantée dans la lumière de Faudel.

Panachage

Non content d'avoir fait faux bond à la Rose pour les élections du 25 mai 2014, j'ai montré l'épine sur Facebook contre qui ose dire « pardon à l'Europe » de la part de la France, et publié ce billet :

Maman Angela,

En classe de France, cela ne va pas du tout. Il y a non seulement les absences à la hausse mais aussi une présence d'esprit européen fortement à la baisse.
Cette règle qui veut que l'économie considère le peuple comme une exception ne saurait plus longtemps lever le doigt.
Et la commission, tellement petite à force de se croire grande, qui aurait la tentation de semer encore davantage un bunker ne pourra récolter qu'une immense colère.
D'avance merci, Maman Angela, d'adapter notre copie aux dernières volontés de la Démocratie.

Papa François.

L'embarquement de Suresnes

Olivia est née un 6 juin. De bon augure pour que l'azur l'emporte au quotidien.

Du savon sur les bras

Il faudrait prendre la poudre d'Elskamp... :

*« Un ange sur un linge en soie
Pose la lampe de ta vie ».*

Pente naturelle

Non, Brel, t'es pas tout seul !

Bonne nuit, tout va mal

Au milieu de la mer de Chine méridionale, à 1h22 le samedi 8 mars 2014, l'équipage du vol MH 370 a échangé pour la dernière fois avec le contrôle aérien de Malaisie : *« Bonne nuit. Tout va bien. »*

Accusé, levez-vous !

Les trois Grâces : Catherine, Valérie, Olivia... Et si c'était ton destin d'être un paria en cette espèce d'amour, ce ne sonnerait pas le glas de tes jours.

L'art de l'esquif

Par la magie d'une tablette, tu fais face au book d'Olivia, mais déconnecte-toi de ces nouvelles qui t'éloignent de ta chapelle. Plus tu la lis et moins tu écris.

La couche rit

Avec Alison, all is sun et la tendresse n'est plus à la renverse.

Aïcha

Doux Hallier (Jean-Edern) :

« Là-bas au campement, il est une jeune fille aux lèvres noires, cueilleuse de fruits de l'arak et de coloquinte, gazelle découvrant deux rangées de perle et d'onyx, souriante aux confins de brume humectée. »

Réponse à nous

Par mail... le 10 juin 2014 à 21h58 :

« Cher Pascal, on vient de me transférer vos lettres. Je vous remercie pour tous ces jolis poèmes et ces attentions. Je trouve que vous avez beaucoup de talent et vous encourage sincèrement. Mais n'y voyez pas s.v.p. d'autres encouragements. J'espère ne pas vous froisser mais je ne suis pas un cœur à prendre. Olivia. »

Elle n'a rien à craindre, n'en déplaise à Johnny, je vais éteindre le feu :

« *S'il vous plaît, ne soyez pas triste ;
pour votre paix, notre foyer je quitte.* »

Post-scriptum : *Un Adam sans Ève ce n'est pas grand-chose*, enfonce Houellebecq, mais il y a des nuits avec et assez de larmes pour finir de remplir l'encrier...

Ce 21 juillet 2014
    Eh bien Olivia,

Quand je me rends à la cathédrale, j'ai pour habitude de laisser un euro dans le tronc des âmes du purgatoire (on n'est jamais aussi bien asservi et servi que par soi-même). Et le sacristain me regarde avec bienveillance, même s'il reconnaît un drôle de paroissien.
 Je crois savoir que votre père passera par Chambéry cet été, mais j'aurai bien du mal à sortir son livre de ma bibliothèque pour oser lui demander une dédicace.
 Le recueil du sentiment à perdre quitte petit à petit le néant et se rapproche du chagrin, dont parle merveilleusement le camarade Jean Ristat dans l'Ode pour hâter la venue du printemps :

« *Seuls les oiseaux viennent encore me visiter
Ils se penchent à ma fenêtre ou entrent dans ma
Chambre et se posent sur le rebord de mon lit
Ils me parlent de toi et si je pleure d'un coup
D'aile ils balaient ma joue* ».

J'espère que les combats auxquels vous donnez du sens seront davantage partagés demain et vous souhaite de continuer votre existence sans baisser la tête.

Dossard 1957

*Mardi 12 août 2014 –
un sentiment bien gagné !*

L'auteur est né à Paris, le 16 juin de l'année du premier titre de Champion de France de football remporté par l'Association Sportive de Saint-Étienne.

Licencié en droit de l'Université de Savoie, devenu professeur documentaliste, il indexe le vélo à l'eau du mont Blanc.

Qui j'aime suivre

Jacqueline (maman), Philippe (frérot), Stéphane (papa).

Une préférence de toujours à l'écran : Ingrid Bergman.

Mes camarades de cordée à Novalaise.

Par étapes

Flèche wallonne — 7

Giro dell'amoroso — 31

Media vuelta — 85

Pour en savoir plus (ou moins) — 137

Dossard 1957 — 147

Qui j'aime suivre — 149

De l'hiver 2013 à l'été 2014, dans « *une petite ville au monde où l'on goûte la douceur de la vie* ».

Éditeur : BoD-Books on Demand, 12/14 rond-point des Champs-Élysées, 75008 Paris, France

Impression : BoD-Books on Demand, Norderstedt, Allemagne

ISBN : 978-2-322-03870-1
Dépôt légal : octobre 2014